AF222387

Annegret Prause

99

Ideen fürs
MUTMACHEN

SCM

SCM

Stiftung Christliche Medien

SCM ist ein Imprint der SCM Verlagsgruppe, die zur Stiftung
Christliche Medien gehört, einer gemeinnützigen Stiftung,
die sich für die Förderung und Verbreitung christlicher Bücher,
Zeitschriften, Filme und Musik einsetzt.

© 2022 SCM Verlag in der SCM Verlagsgruppe GmbH
Max-Eyth-Straße 41 · 71088 Holzgerlingen
Internet: www.scm-verlag.de; E-Mail: info@scm-verlag.de

Die Bibelverse wurden folgender Ausgabe entnommen:
Neues Leben. Die Bibel, © der deutschen Ausgabe 2002, 2006 und 2017
SCM R.Brockhaus in der SCM Verlagsgruppe GmbH Witten/Holzgerlingen

Gesamtgestaltung: Franka Röhm, Kirchheim unter Teck
Bildnachweise: Shutterstock: Tartila, Stockphoto Mania Pexels: Dominika
Roseclay, Dmitry Demidov, Charlotte May, Aline Viana, Engin Akyurt, Rodnae
Productions, Jimmy Chan, Keira Burton, Cottonbro, Benjamin Suter, Nina
Uhlíková, Olya Kobruseva, Shvets Production. Unsplash: Andrew Ridley, Dagmara
Dombrovska, Helena Lopes, Kyle Glenn, Jonathan Borba, Karsten Winegeart,
Sarah Noltner, Icons8 Team, Jonny Caspari, Clem Onojeghuo, Sonia Sanmartin,
Element5 Digital, Nong Vang, Rachel Harris, Kick, Brandi Redd, Katerina
Jerabkova, Lidya Nada, Jack Sharp, Sonny Mauricio, Cathal Mac an Bheatha, Julian
Hochgesang, Museums Victoria, Josue Escoto, Priscilla du Preez, Andrea Riondino,
Lucca Anjali, Roland Deason, Ismael Paramo, Markus Spiske, Sincerely Media,
Andreea Popa, Pelargoniums for Europe. pixabay: Hanna Groß, Gerd Altmann,
Daniel Memmler, Alena Artemova. Thenounproject: Tony Michiels, Oleksandr
Panasovskyi, Curve, Anna Dziewulska, Azam Ishaq, faisalovers, Dara Ullrich,
Martins Ratkus, Sarah Rudkin, W. X. Chee, Royyan Wijaya, Xinh Studio,
Bakunetsu Kaito, Yeong Rong Kim, Caitlyn Hosking, Amethyst Studio, Shirley Wu,
Jordan Halliday, Becris, Bernd Lakenbrink, Nikita Kozin, Yogi Pramana, Dmitry
Mirolyubov, Eucalyp, Cono Studio. Rawpixel. Freepik: rawpixel, freepik,
pchvector, Karma
Druck und Verarbeitung: FINIDR, s.r.o.
Gedruckt in Tschechien
ISBN 978-3-7893-9882-7
Bestell-Nr. 629.882

1 **KLEINE GESTEN** haben oft eine größere Wirkung, als man ahnt. Es braucht gar nicht viel, um anderen Mut zu machen, sie zu beflügeln und eine Atmosphäre zu schaffen, in der man sich wohlfühlt. Manchen Menschen scheint eine Gabe dafür in die Wiege gelegt worden zu sein, die meisten von uns könnten jedoch ein wenig Mutmach-Unterstützung gebrauchen.

Selbst wenn man sich nicht für den geborenen Ermutiger hält, kann man richtig gut darin werden.

Übung macht auch hier den Meister.

Fange klein an, nimm dir Dinge bewusst vor. Spontaneität wird überbewertet! Es kommt nicht weniger von Herzen, wenn man es vorher geplant hat.

Suche dir die Ideen aus, die dich spontan ansprechen (oder die dir selbst guttun würden) und markiere sie dir im Buch. Und dann setzt du einfach immer wieder eine davon um.

2 Nutze etwas, das du regelmäßig tust, als Erinnerung für eine MUTMACH-AKTION. Das kann zum Beispiel so aussehen:

Immer wenn du die Kaffeemaschine anschaltest, betest du für XY.

Immer wenn du Leergut wegbringst, machst du einen Abstecher zum Briefkasten und wirfst eine Karte für jemanden ein.

Immer wenn du bügelst, überlegst du dir, wer in deinem Umfeld gerade eine Ermutigung brauchen könnte.

Immer wenn ...

Auf diese Weise baust du das Mutmachen in deinen Alltag ein und es gehört schon nach kurzer Zeit ganz selbstverständlich dazu.

3

Der einfachste und universellste
Mutmacher der Welt: **EIN LÄCHELN.**

Ein einfaches Lächeln baut Brücken,
es signalisiert „Ich sehe dich und ich bin
auf deiner Seite". Positiver Nebeneffekt:
Es hebt auch die eigene Stimmung.

Schenke den Menschen, die dir heute
begegnen, ganz bewusst ein Lächeln.

4

Schnell und persönlich:
SCHICKE EINE KURZNACHRICHT.

Wenn du den Impuls verspürst, jemandem ein paar wertschätzende oder ermutigende Worte zu schicken 🌻🌼, dann setze das am besten sofort in die Tat um, bevor du es wieder vergessen hast. ✔

Schicke eine Kurznachricht per Handy, sei es über Messenger-Apps oder ganz altmodisch per SMS. ✉📱

Gelesen

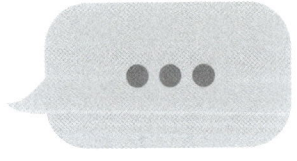

5

SPRICH SEGEN ZU, indem du jemandem explizit sagst:

„Gott segne dich."

6

GESTALTE EIN LESEZEICHEN und schreibe einen **SEGENS-SPRUCH** darauf.

Verschenke das Lesezeichen mit einem Buch oder hinterlasse es in einer Bibliotheksausgabe.

7 SCHREIBE KLEINE BOTSCHAFTEN auf Haftnotizen und hinterlasse sie an Orten, die oft aufgesucht werden.

Gott hatte einen guten Tag, als er dich schuf!

Weißt du, wer eine großartige Person ist? Lies noch mal das zweite Wort im ersten Satz.

Hab einen schönen Tag!

8

ORTE, an denen du MUTMACH-BOTSCHAFTEN hinterlassen kannst:

○ *am Spiegel über den Waschbecken öffentlicher Toiletten*

○ *an Windschutzscheiben*

○ *in Bibliotheksbüchern*

○ *an Bushaltestellen*

○ *in Einkaufswagen*

○ *in der Teeküche im Büro*

○ *auf Parkbänken*

○ *auf Sitzplätzen öffentlicher Verkehrsmittel*

9

WER WERTSCHÄTZUNG ERFÄHRT, TRAUT SICH MEHR. Hier sind sieben Sätze, die Wertschätzung ausdrücken:

Du bist einfach die Beste. Vielen Dank, dass du mir gestern bei ... geholfen hast.

Du hast eine echte Begabung für ... Ich bewundere immer, wie mühelos dir das von der Hand geht.

Vielen Dank, dass du dir Zeit für mich genommen hast. Du ahnst gar nicht, wie viel mir das bedeutet hat.

Es ist so schön, dass es dich gibt!

Du weißt immer, wie du mich aufmuntern und zum Lachen bringen kannst. Deine Freundschaft bedeutet mir viel.

Ich habe so viel von dir gelernt.

Du bist einer der mutigsten Menschen, die ich kenne.

10

Stelle ein kleines **CARE-PAKET** für jemanden zusammen, der gerade eine schwere Zeit durchmacht. Über Tee, Schokolade und eine liebevolle Notiz freut sich jeder.

11

Sei großzügig mit Lob und Komplimenten.

12 Schreibe eine **KURZE MUTMACHBOT-SCHAFT** oder eine Bibelversangabe in die **BETREFFZEILE EINER ÜBERWEISUNG.**

13 **MALE MIT STRASSEN-KREIDE EINE ERMUTIGENDE BOTSCHAFT** oder einen Segensspruch auf den Bürgersteig vor deinem Haus (du kannst dir von deinen Kindern oder den Nachbarskindern helfen lassen).

14

KLEBE EIN PUZZLETEIL eines sowieso unvollständigen Puzzles **AUF EINE KARTE** oder male die Umrisse nach.

Ergänze den Text

„Es gibt auf dieser Welt einen Platz, den nur du ausfüllen kannst mit deinen Gaben und deinen Talenten"

und verschenke die Karte an jemanden, der das gerade hören muss.

15

Große Worte sind nicht so dein Ding? **VERSCHICKE EIN GIF** (animierte Bilder oder Minisequenzen aus Filmen). Ein riesiges Archiv findest du z.B. auf giphy.com

16

FEUERE JEMANDEN AN, der an einem Wettkampf teilnimmt, besuche die Theateraufführung, die jemand organisiert oder den Auftritt des Laien-Chors.

Kritik und Beschwerden treiben die meisten
Menschen dazu, einen schriftlichen Kommentar
zu hinterlassen. Positive Rückmeldungen sind viel seltener.
DREHE DEN SPIESS UM!

Du hast einen Zeitschriftenartikel gelesen, der dich begeis-
tert hat? Jemand hat auf Social Media einen
Beitrag geteilt, der dich berührt hat? Du
hast einen Blogbei- trag gelesen, der dir
weitergeholfen hat? Schreibe positive
Kommentare und Leserbriefe. Die
Autoren werden sich garantiert freuen
und in dem er- mutigt, was sie tun.

18

Schreibe selbst einen ganz persönlichen Segenswunsch.

Es gibt viele Segenswünsche, die du anderen zusprechen kannst (und in diesem Büchlein findest du auch einige Beispiele, die du nutzen kannst). Noch persönlicher wird es jedoch, wenn du einen Segenswunsch selbst schreibst, der genau auf die Situation passt, in der der andere sich gerade befindet. So kannst du dabei vorgehen:

Überlege dir, in welcher Situation sich der andere gerade befindet. Was braucht er oder sie, was wäre ein Segen? Ist es z.B. Ruhe, Geduld, Gelassenheit, Kraft, Fröhlichkeit …?

Als nächstes brauchst du einen Vergleich, der deinen Wunsch bzw. die Eigenschaft bildlich darstellt. Vergleiche aus der Natur sind immer eine gute Idee, weil sie besonders gut Stimmungen transportieren.

Nehmen wir an, dein Segenswunsch soll Geduld

zusprechen. Ein schönes Bild dafür sind zum Beispiel Blumen, die im Winter geduldig in der Erde warten, bis es wieder Frühling wird.
Jetzt kannst du die Eigenschaft und deinen Vergleich in einer Segensformel zusammenfügen. Viele Segenswünsche fangen mit den Worten „Möge …" an.

Der Segenswunsch könnte zum Beispiel so lauten:
Möge Gott dich mit Geduld segnen, damit du wie die Blumen im Winter beharrlich auf deine Zeit zum Blühen warten kannst.
Alternativ kannst du deinen Segen auch mit den Worten „Der Herr segne dich. Er schenke dir …" einleiten.

Unser Beispiel sähe damit so aus:
Der Herr segne dich. Er schenke dir Geduld, damit du wie die Blumen im Winter ausharren kannst, bis deine Zeit zum Blühen gekommen ist.

Und jetzt du: Versuche es einfach selbst einmal.

19

MACHE JEMANDEM EIN KOMPLIMENT für eine Eigenschaft, die normalerweise nicht im Fokus steht. Ist jemand sorgfältig, bedacht, freundlich, loyal, geduldig? Mache ein ehrliches Kompliment dafür.

20

Stelle eine **SPOTIFY-PLAYLIST** mit Lieblingsliedern zusammen, die dich inspirieren und aufbauen und **TEILE SIE MIT JEMANDEM.**

Ich bin weder im Urlaub noch gibt
es einen besonderen Anlass. Aber
ich wollte Dir gern diese Postkarte
schicken. Einfach nur so, weil ich
gerade an Dich denken musste.

...

22

Suche ein Foto, eine Postkarte oder eine kleine Figur,
die ein Schaf zeigt.

Ergänze auf der Rückseite
oder auf einem kleinen
Kärtchen den Satz
„Du schafst das!"

23

Schreibe ein Mutmach-Akrostichon.
Liste dafür die Buchstaben des Vorna-
mens untereinander auf und finde zu
jedem Buchstaben eine positive
Eigenschaft.

MUTMACHERIN

AUFMERKSAM

RICHTIG GUTE ZUHÖRERIN

INSPIRIEREND

EHRLICH

24

Dir fehlen die Worte?
POSITIVE EIGENSCHAFTEN, mit denen
man andere beschreiben kann:

liebenswürdig, witzig, freundlich, herzlich, offen, dynamisch, mitreißend, mitfühlend, unternehmungslustig, zugewandt, geduldig, handwerklich begabt, musikalisch, kreativ, fröhlich, ausgeglichen, sportlich, loyal, großzügig, organisiert, genau, authentisch, liebevoll, verlässlich

25

FÜNF (IRISCHE) SEGENSWÜNSCHE

Gott sei bei dir an diesem Tag,
er segne alles, was du tust!

Friede möge dich umgeben wie ein kostbarer Ring,
er möge dich umschließen von Anfang bis zum Ende,
und für das Böse bleibe keine Lücke.

Beim ersten Licht der Sonne heute – sei gesegnet!
Wenn der lange Tag gegangen ist – sei gesegnet!
In deinem Lächeln und in deinen Tränen – sei gesegnet!
An jedem Tag deines Lebens – sei gesegnet!

Gott gebe dir für jeden Sturm einen Regenbogen,
für jede Träne ein Lächeln,
für jede Sorge eine Aussicht
und eine Hilfe in jeder Schwierigkeit.
Für jedes Problem, das das Leben schickt,
einen Freund, es zu teilen,
für jeden Seufzer ein schönes Lied
und eine Antwort auf jedes Gebet.

Gott sei über dir, um dich zu behüten.
Gott sei vor dir, um dir den rechten Weg zu zeigen.
Gott sei neben dir, um dich zu beschützen
gegen Gefahren von links und von rechts.
Gott sei hinter dir, um dich zu bewahren
vor der Heimtücke böser Menschen.
Gott sei unter dir, um dich aufzufangen, wenn du fällst.
Gott sei in dir, um dich zu trösten, wenn du traurig bist.

26 Such dir ein **SCHÖNES FOTO** (du findest bestimmt etwas im Ordner mit den Urlaubsfotos oder auf deinem Handy). **ERGÄNZE EINEN SEGENSSPRUCH** und **VERSCHICKE DAS BILD ALS POSTKARTE** (digital oder lass sie dir in einem Drogeriemarkt ausdrucken).

27

STELLE LEUTE EINANDER VOR, indem du ein paar Worten über ihre **BESONDEREN FÄHIGKEITEN ODER ERRUNGENSCHAFTEN** einfließen lässt.

Das ist Tim. Er ist ein wahrer Künstler am Grill. Sein Pulled Pork ist unvergleichlich!

ODER:

Das ist Mia, die geduldigste Person, die ich kenne, und die einzige, die ein 5000-Teile-Puzzle mit links schafft.

Diese Art der Vorstellung sorgt nicht nur für gute Stimmung, sondern schafft gleich Anknüpfungspunkte fürs Gespräch.

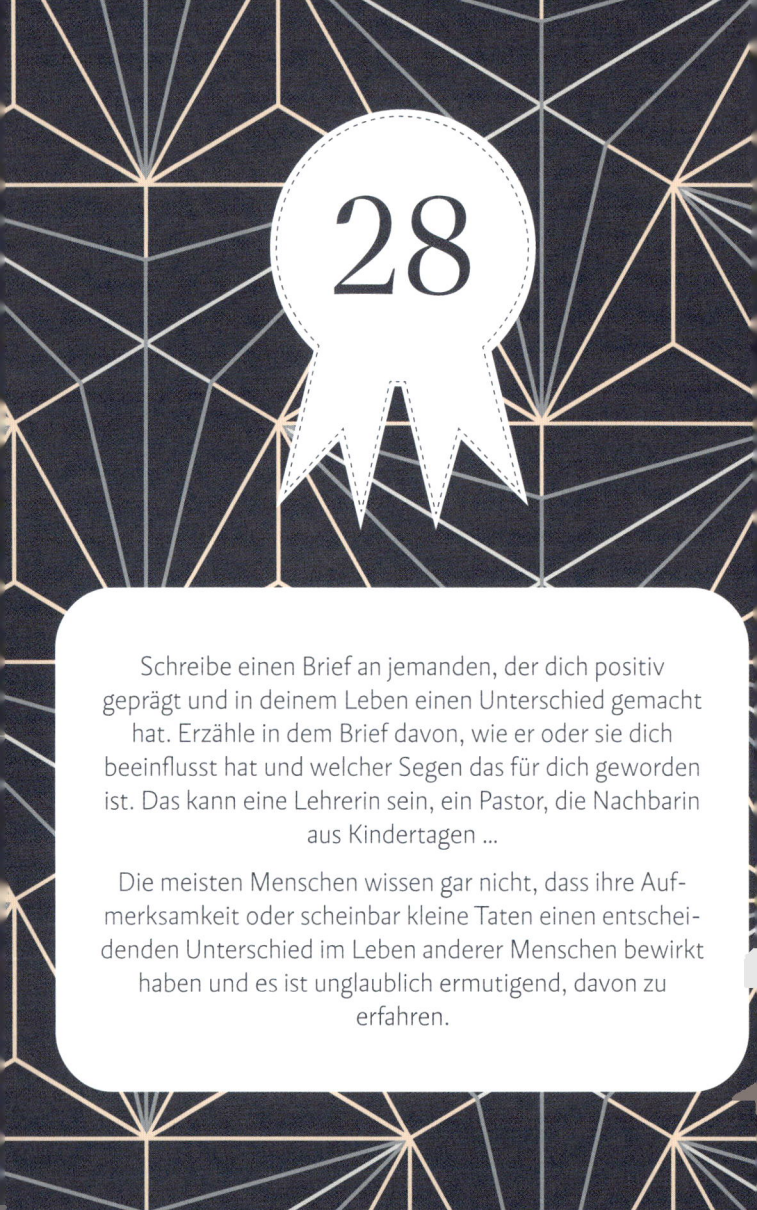

28

Schreibe einen Brief an jemanden, der dich positiv geprägt und in deinem Leben einen Unterschied gemacht hat. Erzähle in dem Brief davon, wie er oder sie dich beeinflusst hat und welcher Segen das für dich geworden ist. Das kann eine Lehrerin sein, ein Pastor, die Nachbarin aus Kindertagen ...

Die meisten Menschen wissen gar nicht, dass ihre Aufmerksamkeit oder scheinbar kleine Taten einen entscheidenden Unterschied im Leben anderer Menschen bewirkt haben und es ist unglaublich ermutigend, davon zu erfahren.

29

Fülle **FARBIGE SCHOKOLINSEN IN EIN KLEINES MARMELADENGLAS.** Beschrifte ein Etikett mit dem Titel „Mutmachpillen" (wenn du magst, kannst du noch einen passenden Mutmachspruch oder Bibelvers ergänzen) und verschenke es an jemanden, der gerade durch herausfordernde Zeiten geht.

30

Frage jemanden, wofür er gerade
dankbar ist und welche guten Dinge
in seinem Leben schon passiert sind.
Manchmal braucht man nur einen
ANDEREN BLICKWINKEL, um die
Dinge in einem neuen Licht zu
sehen und wieder **ZUVERSICHT
UND MUT ZU SCHÖPFEN.**

31

Es gibt Leute, die hätten unbedingt mal eine **ÜBERRASCHUNGSPARTY** verdient – nicht zum Geburtstag, sondern einfach nur so. Eine **„WEIL DU FANTASTISCH BIST"-PARTY** oder ein „Danke, dass du dich so einsetzt"-Dinner ...

Wie wäre es, wenn du das organisierst? Das muss gar nicht aufwändig sein. Plane ein Buffet und lasse die Gäste etwas dazu beisteuern – außer der Hauptperson der Party natürlich. Die musst du nur unter einem Vorwand zur Feier locken.

32

Manchmal verlässt einen der Mut zwischendurch oder man vergisst wieder, dass man Unterstützung hat. Ein kleines Symbol, das man in die Hand nehmen oder in die Hosentasche stecken kann, erinnert einen wieder daran.

Verschenke solch **EIN SYMBOL AN JEMANDEN, DER GERADE ERMUTIGUNG BRAUCHT.** Das kann so etwas Einfaches sein wie ein kleiner, hübscher Stein, auf den du „Ich bete für dich" geschrieben hast, ein Handschmeichler, ein kleines Kreuz, ein Armband ...

33

Lege dir einen kleinen **VORRAT AN HÜBSCHEN KARTEN** zu. Wenn du den Impuls verspürst, einer Person eine Karte zu schicken, dann mach das. Es könnte der Heilige Geist sein, der dir etwas zuflüstert. Man macht sich kaum eine Vorstellung davon, was für eine große Wirkung handgeschriebene, persönliche Worte haben.

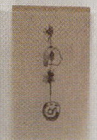

Der Herr segne dich, er lasse dein Leben gedeihen, er lasse deine Hoffnung erblühen, er lasse deine Früchte reifen.

34

Schreibe einen Mutmachspruch oder einen Segen mit Kreidemarker an die Fensterscheibe, sodass man ihn von außen und im Vorbeigehen lesen kann.

35

Manche Dinge werden immer als selbstverständlich
wahrgenommen oder fallen nicht besonders auf.
Was passiert in deiner Familie, in deiner Gemeinde,
auf der Arbeit scheinbar automatisch? Der Kaffee wird
immer aufgefüllt. Die Spülmaschine wird ausgeräumt.
Jemand kümmert sich zuverlässig um ...

**HALTE AUSSCHAU NACH SOLCHEN DINGEN UND
BEDANKE DICH DAFÜR ODER KOMMENTIERE ES
POSITIV, WENN ES DIR GERADE AUFGEFALLEN IST.**

36

Dafür brauchst du:

○ ein Teelicht
○ Papier
○ Schere
○ Stift

Nimm den Wachskern aus der Aluhülle des
Teelichts und ziehe, wenn möglich, den Docht
heraus (der steht meistens auf einer kleinen
Metallplatte). Nutze den Wachskern als
Schablone und zeichne den Kreisumriss auf
einem Blatt Papier nach.

Schreibe in den Kreis die Worte
„Lass dein Licht leuchten".
Bohre ein kleines Loch in die Mitte des Kreises
und schneide ihn aus.

Lege den Papierkreis nun unter den Wachskern
des Teelichts und, fädele den Docht durch Papier
und Wachs und stelle das Teelicht wieder in die
Aluschale.

Wenn man das Licht anzündet, verflüssigt sich
das Kerzenwachs, wird durchsichtig und gibt so
den Blick auf die Botschaft darunter frei.

37

Du hast einen **EXZELLENTEN SERVICE** bekommen? Dein Friseur hat es einfach drauf? Der Automechaniker ist ein Auto-Flüsterer? **MACHE EIN KOMPLIMENT,** wie gut sie das hinbekommen haben und dass dich alle darum beneiden. Auch Dienstleister freuen sich über anerkennende Worte.

38

MERKE DIR NAMEN UND SPRICH LEUTE MIT IHREM NAMEN AN.

39

BRING

MIT.

Es denkt sich besser und redet sich besser mit Keksen. Außerdem sorgen sie für gute Stimmung.

40

Besorge eine schlichte, weiße Tasse und einen Porzellanstift. **SCHREIBE EINEN SEGENS-WUNSCH ODER BIBELVERS AUF DIE TASSE UND VERSCHENKE SIE.**

Tipp: Schreibe den Text auf einem Blatt Papier vor. Pause ihn spiegelverkehrt ab und fahre alle Linien mit einem weichen Bleistift nach. Lege den spiegelverkehrten Bleistift-Text um die Tasse und fahre die Textfläche mit einem Löffel nach – durch die Reibung übertragen sich die Bleistiftpartikel auf die Tassenoberfläche. Nun brauchst du die Vorlage nur noch mit dem Porzellanstift nachzumalen.

41

VERSCHENKE EIN BUCH, DAS DICH SELBST GESEGNET ODER BERÜHRT HAT.

42

Rufe jemanden an, mit dem du schon länger keinen Kontakt mehr hattest und frage, wie es ihm oder ihr geht.

43

Dank beflügelt und ist ein schöner Weg,
um anderen Wertschätzung zu zeigen und
sie in dem zu ermutigen, was sie tun.
Wie wäre es mit einer Danke-Challenge?

**SCHREIBE 52 DANKE-KÄRTCHEN
AN 52 VERSCHIEDENE PERSONEN.**
Verschicke jede Woche eine davon.

44

TEILE DEINE EIGENE GESCHICHTE MIT ANDEREN.
Was hast du mit Gott erlebt, durch welche
Herausforderungen hat er dich begleitet, wie hast
du Vertrauen gelernt?

Geteilte Erfahrungen und Erlebnisse können unglaublich
ermutigend sein. Man erfährt dadurch, dass jeder sein
Päckchen zu tragen hat und dass Gott da ist und uns nicht
alleine lässt. Geteilte Geschichten schaffen Verbindung.

45

Manchmal ist das
Beste und Mutma-
chendste, das du für einen anderen tun
kannst einfach nur das: **ZUHÖREN.**
Vielleicht fühlt sich das passiv an und
du würdest viel lieber ganz aktiv
helfen. Aber wirklich zuhören ist viel
mehr als nur stumm dasitzen. Wer
zuhört und Mitgefühl zeigt, gibt
dem anderen Raum für das, was
er erlebt und empfindet. Er kann
sich mitteilen und das teilen,
was ihn belastet. Es heißt nicht
umsonst **„SICH ETWAS VON
DER SEELE REDEN".**

46

VERSCHICKE EINE UMARMUNG.

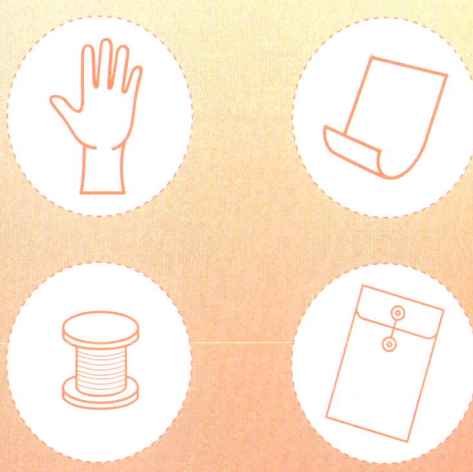

Zeichne die Umrisse deiner Hände auf
festes Papier und schneide sie aus. Nimm
ein Stück Schnur oder Geschenkband
und klebe an jedes Ende eine Papier-
hand. Jetzt kannst du die Umarmung in
einem Briefumschlag verschicken.

Ein Lachen löst Spannungen und schafft es, die Stimmung in eine positive Richtung zu drehen. **MACH EINE LUSTIGE BEMERKUNG ODER ERZÄHL EINEN WITZ.**

47

Ein Mann bestellt nun schon den zehnten Kaffee.
Fragt der Kellner: „Haben sie eigentlich nie Probleme mit dem Einschlafen, wenn Sie so viel Kaffee trinken?"
Gast: „Ach, mit dem Einschlafen ist das immer so: Ich zähl bis drei und dann schlafe ich meistens."
Kellner: „Sie zählen nur bis drei?!"
Gast: „Na ja, manchmal auch bis halb vier ..."

48

Die Bibel hat ein Herz für die Ängstlichen und Zaghaften. Eine der Aufforderung, die im Alten und Neuen Testament immer wieder auftaucht (je nach Übersetzung mehr als 70 Mal) ist die Wendung

„Fürchte dich nicht."

Jeder erlebt Situationen, in denen er diese Worte als Erinnerung, Mutmacher oder Rettungsring braucht. Am besten schlägt man dann eine oder mehrere dieser Bibelverse nach:

Psalm 91,5
Jesaja 12,2
Jesaja 41,10
Klagelieder 3,57
Lukas 12,32
Offenbarung 1,17 .18

49

**LASSE SÜSSIGKEITEN AM
KOPIERER IM BÜRO STEHEN.**

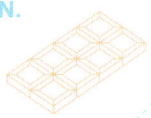

50

**BRINGE JEMANDEN NACH HAUSE,
OBWOHL ES EIN UMWEG IST.**

51

POSTKARTEN AN FREMDE.

Schreibe eine ermutigende
Nachricht – vielleicht einen
Segensspruch oder etwas, das dir
gerade auf dem Herzen liegt – auf
eine hübsche Postkarte. Beim
nächsten Spaziergang nimmst du
die Karte(n) mit und fragst Gott,
wo du sie einwerfen sollst und wer
einen Zuspruch gebrauchen könnte.

10 ZITATE, DIE MUT MACHEN.

52

Dass die Vögel der Sorge und des Kummers über deinem Haupt fliegen, kannst du nicht ändern. Aber dass sie Nester in deinem Haar bauen, das kannst du verhindern.

MARTIN LUTHER

Hab Geduld in allen Dingen, vor allem aber mit dir selbst.

FRANZ VON SALES

Behandle Gottes Zusagen nicht wie Museumsstücke, sondern glaube ihnen und mache von ihnen Gebrauch.

C.H. SPURGEON

Der Langsamste, der sein Ziel nicht aus den Augen verliert, geht noch immer geschwinder als der, der ohne Ziel umherirrt.

GOTTHOLD EPHRAIM LESSING

Der lebendige Gott ist mit uns, dessen Kraft nie versagt, dessen Arm niemals müde wird, dessen Weisheit unendlich und dessen Kraft unverändert ist.

GEORG MÜLLER

Der Weg wächst im Gehen unter deinen Füßen wie durch ein Wunder.

REINHOLD SCHNEIDER

Ein Optimist ist ein Mensch, der weiß, wie trübe die Welt sein kann. Ein Pessimist ist einer, der das jeden Tag von neuem feststellt.

PETER USTINOV

Glaubende besitzen das ewig sichere Gegengift gegen Verzweiflung: Möglichkeit; denn für Gott ist in jedem Augenblick alles möglich.

SÖREN KIERKEGAARD

Glück ist wie ein Maßanzug. Unglücklich sind meistens die, die den Maßanzug eines anderen tragen möchten.

KARL BÖHM

Gott braucht dich, auch wenn es dir im Augenblick nicht passt.

DAG HAMMERSKJÖLD

HELD DES TAGES

53

Wir feiern viel zu selten Erfolge. Und noch seltener **FEIERN WIR MEILENSTEINE ODER HERAUSFORDERUNGEN,** denen man sich gestellt hat, auch wenn das Ergebnis am Ende vielleicht nicht gerade zum Prahlen taugt.

Wie wäre es, wenn wir in der Familie, im Team, mit den Kollegen die „Ich hatte Mut"-Momente feiern würden? Den Schritt, der einen Überwindung gekostet hat und den man trotzdem gegangen ist. Die Herausforderung, zu der man Ja gesagt hat. Die neue Idee, die man einfach mal ausprobiert hat. Oder die eine Sache, die man schon ewig lang vor sich hergeschoben hatte und jetzt endlich angepackt hat.

Ganz egal, wie das Ergebnis war: Der Mut sollte gefeiert werden. Mit ein bisschen Konfetti. Einem Kuchen. Einem „Held des Tages"-Button. Oder mit einer richtigen **„WIR FEIERN ALLE MUTIGEN SCHRITTE"-PARTY.**

54

Werde Pate oder Mentor für
jemanden und begleite ihn
oder sie als Ermutiger ein Stück
auf dem Lebensweg.

55

**SCHREIBE EINEN
PERSÖNLICHEN BRIEF,**
in dem du formulierst,
**WELCHE TALENTE DU
IN DER PERSON
WAHRGENOMMEN HAST**
und wofür du sie bewunderst.

Besonders schön ist das,
wenn du solch einen Brief
an jemanden schreibst, der eine
Generation jünger ist als du.

56

Ermutigung ist manchmal so unprätentiös wie ein
ausgeliehener Rasenmäher,
ein gekochtes Mittagessen oder ein
bespaßtes Kind.

TATEN SPRECHEN IHRE GANZ EIGENE SPRACHE.

57

Jemand ist die sprichwörtliche Extrameile gegangen,
hat sich wirklich bemüht oder dir einen Gefallen getan?
SCHICKE EINE DANKE-KARTE.

Der Herr segne dich und beschütze dich. Der Herr wende sich dir freundlich zu und sei dir gnädig. Der Herr sei dir besonders nahe und gebe dir seinen Frieden.

Schreibe den Aaronitischen Segen (4. Mose 6,24-26) oder einen Irischen Segenswunsch in deiner **SCHÖNSTEN HANDSCHRIFT AUF EINE KARTE** oder gestalte sie mit **HANDLETTERING**.

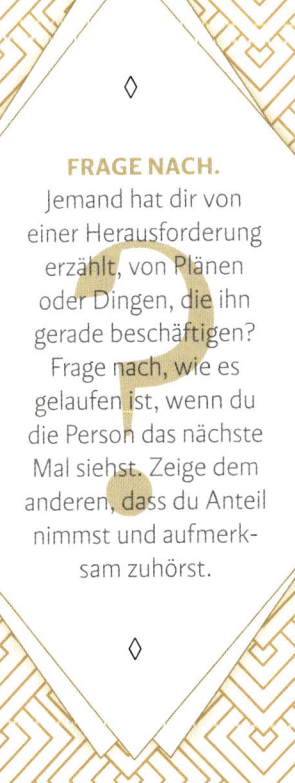

FRAGE NACH.
Jemand hat dir von
einer Herausforderung
erzählt, von Plänen
oder Dingen, die ihn
gerade beschäftigen?
Frage nach, wie es
gelaufen ist, wenn du
die Person das nächste
Mal siehst. Zeige dem
anderen, dass du Anteil
nimmst und aufmerk-
sam zuhörst.

60

Kaufe eine kleine Topfblume mit Übertopf.
Beschrifte den Übertopf mit dem Spruch

*„Wo Gott dich hingepflanzt hat,
da kannst du blühen."*

61

Man kann keinen Helium-Luftballon
in der Hand halten und gleichzeitig betrübt
sein. Wenn du jemanden kennst, der gerade
Aufmunterung braucht (ja, ein Erwachsener),
dann spendiere dieser Person einen Luftballon.

VERSCHENKE „WENN …"-UMSCHLÄGE.

Dafür beschriftest du einige Briefumschläge mit Situationen, in denen diese geöffnet werden sollen. Das kann z.B. so aussehen:

Öffne mich, wenn du traurig bist.

Öffne mich, wenn du Mut brauchst.

Öffne mich, wenn du dir nicht sicher bist, ob du das schaffst.

Öffne mich, wenn …

In die Umschläge kannst du alles packen, was in den jeweiligen Situationen guttun würde: einen aufmunternden Brief, Segensworte, eine hübsche Postkarte, Teebeutel oder Kleinigkeiten, die in einen Umschlag passen.

Fülle 5-10 Umschläge und binde sie mit einem hübschen Band zusammen oder lege sie in eine Schachtel.

63

Versuche
einen Tag lang,
**ANDERE
NICHT ZU
BE- ODER
VERUR-
TEILEN**.
Stelle keine
Vermutungen
an, warum sie
dieses oder
jenes tun.
Frage dich
einfach, wie
Gott diese
Person wohl
sieht.

64

Mit wem verbringst du viel Zeit, ohne wirklich etwas über ihn oder sie zu wissen? Kollegen vielleicht oder jemand aus deiner Kirche oder Gemeinde, der mit dir in einem Team arbeitet?

ERFAHRE ETWAS PERSÖNLICHES UND LERNE EINE DIESER FAST UNBEKANN-TEN BESSER KENNEN.

65

BIETE GEBET AN, wenn jemand schwere Zeiten oder herausfordernde Situationen durchmacht.

66

SEI NACHSICHTIG MIT ANDEREN UND SCHNELL BEREIT, ZU VERGEBEN. DAS GILT AUCH FÜR DICH SELBST.

67

SAG ETWAS AUFMUNTERNDES ZU ELTERN,
deren Kleinkind gerade eine Szene im Supermarkt macht.

68

LOBE JEMANDEN FÜR DIE FORT-SCHRITTE, die er gemacht hat. Wenn sich jemand ganz offensichtlich bemüht oder einfach viel besser in etwas geworden ist, tut es gut, genau das reflektiert zu bekommen. (Mach das aber nur, wenn jemand etwas Neues begonnen hat oder wenn du weißt, dass es eine echte Herausforderung für ihn oder sie ist.)

69

**„WENN DIR DAS LEBEN ZITRONEN
GIB, MACH LIMONADE DRAUS."**
Der Spruch ist ziemlich abgegriffen,
das stimmt. Aber trotzdem enthält er
ein schönes Bild, das sich auch ganz
praktisch aufgreifen lässt.

Vielleicht geht jemand aus deinem
Freundes- oder Bekanntenkreis
gerade durch schwere Zeiten. Lade
die Person zum Limonademachen ein.
Teilt die Stolpersteine oder „Zitronen" eures Lebens miteinander,
erzählt euch, was euch gerade
beschäftigt und belastet und presst
die Zitronen hinterher aus und macht
wirklich Limonade daraus.

Hier ein schnelles Rezept dafür:

Genug Zitronen für 250 ml ausgepressten Saft

100 g Zucker
Eiswürfel
1 l Wasser

Den Zitronensaft mit Zucker und Wasser in einen
Mixer geben und gut mixen, bis sich der Zucker
gelöst hat. Die Eiswürfel in einen Henkelkrug
geben und die Limonade aus dem Mixer in den
Krug füllen. Wer mag, schneidet noch eine Zitrone
in Scheiben und gibt sie als Deko in den Krug.

Die Idee eignet sich auch für Hauskreise und
Kleingruppen.

70

LASS DIR VON JEMAND ÄLTEREM ETWAS AUS DER VERGANGENHEIT ERZÄHLEN.
Erlebte Geschichte, Lebensweisheiten,
Gotteserfahrungen.

Die älteren Generationen haben so viel Spannendes
erlebt und so viel Erfahrungswissen. Wenn man ihnen
Gelegenheit zum Erzählen gibt, freuen sie sich, dass
sie ihre Geschichte teilen können und man selbst
profitiert von den Erfahrungen derjenigen, die manche
Wege vor einem gegangen sind.

71

SEI DIE PERSON, DIE ETWAS POSITI-VES BEIZUTRAGEN HAT. Sieh die guten Seiten, die schönen Dinge, die Kleinigkeiten, den Segen – und lass das in Gespräche einfließen.

72

FRAGE JEMANDEN UM RAT. Du signalisierst damit, dass du die Meinung der anderen Person schätzt und sie für vertrauenswürdig hältst.

73

10 BIBELVERSE, DIE VOLLER ERMUTIGUNG STECKEN.

Wenn du durch Wasser gehst, werde ich bei dir sein.

JESAJA 43,2

Denn er befiehlt seinen Engeln, dich zu beschützen, wo immer du gehst.

PSALM 91,11

Ihr seid vom Herrn gesegnet, der Himmel und Erde gemacht hat.

PSALM 115,15

Der Herr ist treu in allem, was er sagt, er ist gnädig in allem, was er tut.

PSALM 145,13

Sorgt euch um nichts, sondern betet um alles. Sagt Gott, was ihr braucht, und dankt ihm.

PHILIPPER 4,6

Der Herr ist mein Fels, meine Burg und mein Retter.

PSALM 18,3

Deine Güte und Gnade begleiten mich alle Tage meines Lebens, und ich werde für immer im Hause des Herrn wohnen.

PSALM 23,6

Ich versichere euch: Ich bin immer bei euch bis ans Ende der Zeit.

MATTHÄUS 28,20

Überlasst all eure Sorgen Gott, denn er sorgt sich um alles, was euch betrifft!

1. PETRUS 5,7

hygge

an atmosphere of warmth, wellbeing and cosiness, when you feel at peace and able to enjoy simple pleasures and being in the moment.

[huc-gah]

VERSCHENKE QUALITY TIME: ungestörte Aufmerksamkeit, kein Handy, keine Ablenkung. Es kommt gar nicht darauf an, wie lang diese Zeit ist. Aber wenn man mit der ganzen Aufmerksamkeit bei jemandem ist, zuhört und sich nicht ablenken lässt, ist das nicht nur ein Ausdruck von Wertschätzung, sondern heutzutage auch eine seltene Fähigkeit, die andere zu schätzen wissen.

75

Du bist ein Mutmacher und möchtest andere beflügeln. Es gibt viele kreative Wege, das zu tun und eine wichtige Sache, die man besser lässt: Tratsch. Rede nicht negativ über andere Leute. Werde sensibel dafür und sei die Person, die Positives zu Unterhaltungen beiträgt.

76

VERSCHENKE EIN TÜTCHEN MIT BLUMENSAMEN und passendem Segenswunsch:

Der Herr segne dich, er lasse dein Leben gedeihen, er lasse deine Hoffnung erblühen, er lasse deine Früchte reifen.

77

GIB EIN GROSSZÜGIGES TRINKGELD.

78

Hast du dir ein Beispiel an jemandem genommen? War jemand eine Inspiration für dich? Sag es dieser Person!

„SO WIE DU IN DIESER SITUATION REAGIERT HAST, DAS FAND ICH BEWUNDERNSWERT. DAS NEHME ICH MIR ZUM VORBILD ..."

amen!de

Gib deine Sorgen ab

79

WERDE GEBETSUNTERSTÜTZER.

Auf amen.de kannst du nicht nur deine Gebetsanliegen loswerden, du kannst Teil der Bewegung werden und andere mit Gebet unterstützen.

> 4.142.482 Gebete. Zuletzt vor 5 Minuten von Renate
>
> Bitte unterstütze amen.de mit deiner Spende! Klicke hier!

Du hast etwas auf dem Herzen?

Gib dein Anliegen ein - anonym und ohne Anmeldung! Unsere Beter werde Gott vortragen.

Anliegen eingeben

 Warum sollte ich das tun?

80

VERSCHENKE EIN NOTIZBUCH

für „alle guten Dinge". Wer schöne Momente festhält, besondere Augenblicke, Situationen, in denen er gelacht hat, Herausforderungen, die er gemeistert hat oder Gebete, die erhört wurden, hat irgendwann einen kostbaren Schatz, in dem er immer wieder blättern kann, um Zuversicht und Mut zu schöpfen.

Schöner Nebeneffekt: Solche positiven Momente aufzuschreiben hat sowohl psychisch als auch körperlich wohltuende Effekte.

81

Du machst anderen Leuten gern Mut und suchst immer wieder neue Wege und Ideen dafür – das ist großartig! Aber es kommt garantiert auch immer wieder vor, dass andere dir Mut machen. **WERDE AUFMERKSAM DAFÜR UND SAGE DEM ANDEREN, DASS DIR DAS GUTTUT UND DU DICH DARÜBER FREUST.**

82

Lasse eine kleine **MUTMACH-ANZEIGE
IN DEINE LOKALZEITUNG** oder das
örtliche Werbeblättchen setzen. Das
kann ein Segensspruch sein oder ein
etwas persönlicherer Text, der so ähnlich
lauten könnte:

*Vielleicht wundern Sie sich über diese
Anzeige. Ich wollte Sie nur wissen lassen,
dass Sie nicht allein sind.
Es gibt einen Gott, der Sie liebt.*

83

Manchmal ist eine Umarmung
ein weltbewegender Moment und
alles, was es braucht, damit man
neuen Mut schöpft.

Für Mutige:

| Gebet | Verschenken ⌄ | PLZ oder Ort | Ganzer Ort ⌄ | 🔍 Finden |

Kleinanzeigen > Verschenken & Tauschen > Verschenken > 1 - 25 von 616.670 Artikel zu verschenken in Deutschland

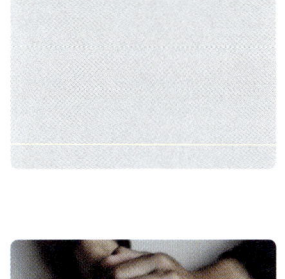

Ich bete für dich

Stelle auf E-Bay-Kleinanzeigen das kostenlose Angebot ein, für jemanden zu beten, der gerade Gebet benötigt.

85

Gestalte einen **BASTELKALENDER MIT 12 MUTMACHGEDANKEN.** Das können Lieblingssprüche, besondere Erinnerungen, Segenswünsche oder Bibelverse sein.

Erstelle Collagen, KLEBE HÜBSCHE FOTOS ODER POSTKARTEN EIN *oder probiere dich in* Hand lettering.

86

STELLE INTERESSIERTE FRAGEN.
Manche Menschen erzählen nur
zögerlich von sich, weil sie andere
nicht nerven wollen oder ihnen
nicht zur Last fallen möchten. Mit
Fragen signalisierst du, dass du
Interesse am Gespräch hast und
gern und aufmerksam zuhörst.

Verschicke
E-Cards. 87

Die digitale Version der Postkarte
ist eine schöne Idee für die Momente,
in denen eine E-Mail zu langweilig
oder nüchtern erscheint.

88

JEMAND IST NEU im Gottesdienst, steht verloren auf einer Party herum oder sieht so aus, als kenne er niemanden bei einem Treffen? **SPRICH DIE PERSON AN.**

Frage nach, ob sie jemanden kennt, ob sie zum ersten Mal hier (oder in der Gegend) ist, was sie so macht …

89

Fülle ein kleines Fläschchen mit Sand. Schreibe auf ein Kärtchen oder einen Anhänger folgenden Text aus Psalm 139:

Wie kostbar sind deine Gedanken über mich, Gott! Es sind unendlich viele. Wollte ich sie zählen, so sind sie zahlreicher als der Sand!

PSALM 139,17.18

Gib das Fläschchen an jemanden weiter, der sich gerade unwichtig fühlt, als greifbares Symbol für die unzählbar vielen guten Gedanken Gottes.

90

WERDE UNTERSTÜTZER. Glaube daran, dass jemand etwas tun kann. Lass ihn oder sie wissen, dass du dir sicher bist, dass sie das können, vor allem, wenn es sich um eine neue Herausforderung handelt.

91

Manchmal sind gerade die Menschen, die nach außen selbstsicher und ruhig wirken gleichzeitig die, die an sich zweifeln und sich selbst infrage stellen.

Wenn du also den Impuls verspürst, jemanden zu ermutigen, dann setze ihn in die Tat um. Egal, ob der andere so wirkt, als bräuchte er das oder nicht.

92

BEOBACHTE DICH SELBST:
Welche Gesten, Worte oder
Aufmerksamkeiten haben
dich besonders ermutigt
oder beflügelt? Die Chancen
stehen gut, dass du damit
andere genauso ansprichst.

BIETE DEINE HILFE AN.
Da die Frage „Kann ich helfen?"
jedoch so weit gefasst ist, kann sie
schon überfordern. **FRAGE DES-
HALB BESSER GEZIELT NACH:**
„Würde es dir helfen, wenn ich ...
tun würde?"

94

Hast du ein Foto von jemandem, der in seinem Leben mutige Schritte gegangen ist? Vielleicht von einer Freundin, die sich ihrer Höhenangst auf einer Aussichtsplattform gestellt hat.

Einem Familienmitglied, das ganz allein in eine neue Stadt gezogen ist. Einem Bekannten, der sein Lampenfieber gemeistert und eine Rede gehalten oder eine Theaterrolle übernommen hat ...

RAHME DAS FOTO VON DIESER SITUATION UND SCHREIBE AUF DEN BILDERRAHMEN ODER AUF DIE RÜCKSEITE DIE WORTE „DU BIST MUTIG" UND VERSCHENKE ES AN DIE PERSON.

95

MACHE EIN FOTO, auf dem du
die Hände in Herzform hältst.
Schicke das Bild an deine liebsten
Menschen.

96

Blumen sind immer eine gute Idee,
um jemandem den Tag zu ver-
schönern und Freude zu verbrei-
ten. Es gibt wohl kaum eine Frau
(und manchen Mann), die sich
nicht über einen hübschen Strauß
oder ein paar Wiesenblumen freut.
Fällt dir jemand ein, der gerade
eine Aufmunterung gebrauchen
könnte? Schicke anonym einen
kleinen Strauß vorbei.

97

RUFE DEN ÄLTESTEN NOCH LEBENDEN VERWANDTEN AN,

den du hast. Nicht zum Geburtstag oder zu Weihnachten, sondern einfach mal so als nette, unerwartete Überraschung.

98

FINDE DEINE GANZ EIGENE MUT-MACH-SPRACHE. Bist du extrovertiert und fällt es dir leicht, auf Leute zuzugehen? Mach das. Bist du eher introvertiert oder schüchtern? **DANN TU DINGE, DIE ZU DIR PASSEN.**

Welche Fähigkeiten und Interessen hast du? Nutze genau die, um andere zu aufzubauen. Als Backtalent oder genialer Zuhörer, als talentierte Gedichteschreiberin oder Gartenprofi kannst du deine Talente, deine Fähigkeiten und deine Persönlichkeit dafür einsetzen, um anderen auf deine ganz eigene Weise Mut zu machen! So wie es sonst niemand kann.

99 DAS GEHEIM-REZEPT DES MUTMACHENS.

Vielleicht hast du festgestellt, dass alle Mutmachideen im Kern mindestens eine der drei Eigenschaften haben: Sie zeigen dem anderen, dass man ihn sieht und wahrnimmt. Sie vermitteln Anteilnahme und zeigen Mitgefühl. Und sie drücken Wertschätzung aus. Jeder Mensch sehnt sich danach, diese Dinge zu erfahren. Und wo immer damit großzügig umgegangen wird, entsteht ein Umfeld, in dem andere sich öffnen, sich etwas zutrauen und anfangen aufzublühen.